BEI GRIN MACHT SICH IHR WISSEN BEZAHLT

AF157129

- Wir veröffentlichen Ihre Hausarbeit,
  Bachelor- und Masterarbeit

- Ihr eigenes eBook und Buch -
  weltweit in allen wichtigen Shops

- Verdienen Sie an jedem Verkauf

Jetzt bei www.GRIN.com hochladen und kostenlos publizieren

Bibliografische Information der Deutschen Nationalbibliothek:

Die Deutsche Bibliothek verzeichnet diese Publikation in der Deutschen National-
bibliografie; detaillierte bibliografische Daten sind im Internet über http://dnb.d-
nb.de/ abrufbar.

Dieses Werk sowie alle darin enthaltenen einzelnen Beiträge und Abbildungen
sind urheberrechtlich geschützt. Jede Verwertung, die nicht ausdrücklich vom
Urheberrechtsschutz zugelassen ist, bedarf der vorherigen Zustimmung des Verla-
ges. Das gilt insbesondere für Vervielfältigungen, Bearbeitungen, Übersetzungen,
Mikroverfilmungen, Auswertungen durch Datenbanken und für die Einspeicherung
und Verarbeitung in elektronische Systeme. Alle Rechte, auch die des auszugsweisen
Nachdrucks, der fotomechanischen Wiedergabe (einschließlich Mikrokopie) sowie
der Auswertung durch Datenbanken oder ähnliche Einrichtungen, vorbehalten.

Impressum:

Copyright © 2013 GRIN Verlag, Open Publishing GmbH
Druck und Bindung: Books on Demand GmbH, Norderstedt Germany
ISBN: 9783668329515

Dieses Buch bei GRIN:

http://www.grin.com/de/e-book/343129/multidisziplinaere-sichtweisen-auf-afrika-
nische-staedte

Fabian Schönrock

Multidisziplinäre Sichtweisen auf afrikanische Städte

GRIN Verlag

GRIN - Your knowledge has value

Der GRIN Verlag publiziert seit 1998 wissenschaftliche Arbeiten von Studenten, Hochschullehrern und anderen Akademikern als eBook und gedrucktes Buch. Die Verlagswebsite www.grin.com ist die ideale Plattform zur Veröffentlichung von Hausarbeiten, Abschlussarbeiten, wissenschaftlichen Aufsätzen, Dissertationen und Fachbüchern.

Besuchen Sie uns im Internet:

http://www.grin.com/

http://www.facebook.com/grincom

http://www.twitter.com/grin_com

Johann Wolfgang Goethe Universität - Frankfurt am Main

Institut für Ethnologie

S: Jugend, Stadt und Migration im Senegal

WS 2012/2013

Hausarbeit

Multidisziplinäre Sichtweisen auf afrikanische Städte

Fabian Schönrock

1

Inhaltsverzeichnis

1. Einleitung

Die Schulbücher des Faches Erdkunde der Klassenstufe 12, haben in unserem föderalistischen Bildungssystem der Bundesrepublik Deutschland eines gemeinsam. Unabhängig davon, in welchem Bundesland das Fach unterrichtet wird, findet man im Inhaltsverzeichnis das Thema „Stadtgeographie". In dieser Kategorie werden Konzepte, Raumplanung und Stadtentwicklung thematisiert, aber auch Stadtmodelle aus historischem und kulturellem Gesichtspunkt zusammengefasst. So findet man z.b. die römische Stadt, die mittelalterliche europäische Stadt und die Residenzstadt, die Industriestadt, sowie Gartenstädte. Ebenso werden Städte nach globalen und politischen Merkmalen veranschaulicht, wie z.b. die sozialistische Stadt, die Trabantenstadt, die nordamerikanische Stadt und die lateinamerikanische Stadt. Dabei wird auch die afrikanische Stadt genannt und charakterisiert. Die Frage hierbei ist, ob es wirklich so einfach ist, diese Städte und vor allem die „afrikanische Stadt", in ein Stadtmodell im klassischen Sinne zu stellen und zu integrieren. Die Gemeinsamkeit, die alle afrikanischen Städte vorweisen, ist die Tatsache, dass sie dem Kolonialismus europäischer Großmächte unterworfen waren. Doch was war vor dem Kolonialismus, sehen alle Städte auf dem afrikanischen Kontinent gleich aus und gibt es überhaupt eine „afrikanische Stadt" ? Dieser Problematik werde ich in dieser Arbeit meine Aufmerksamkeit widmen, um schlussendlich zu bewerten, ob die Definition der „afrikanischen Stadt" überhaupt zeitgemäß ist.

2. Die Definition der „afrikanischen Stadt"

Zunächst sei erwähnt, dass die Urbanisierung ein wesentlicher Bestandteil für die Stadtentwicklung ist. Dies gilt auch für afrikanische Städte. Urbanisierung meint dabei laut Coquery-Vidrovitch einen räumlichen Prozess, in dem menschliche Wesen in großer Zahl, auf einem bestimmten Platz, zusammentreffen.

„First it is a spatial process, whereby human beings congregate in (…) large number at one (…) spot" (Coquery-Vidrovitch 2005: 16).

Von diesem Prozess wird Coquery-Vidrovitch zu Folge, eine spezifische Umgebung betroffen, in der ein humanisierter Platz mit Gebäuden vorzufinden ist, in der Kräfte aufeinander treffen, konfrontieren und sich neutralisieren (Coquery-Vidrovitch 2005: 17). Dieser daraus resultierende soziale Prozess beinhaltet somit sozial determinierende Strukturen.

Im Jahr 1938 definierte der Soziologe Louis White die Stadt als große, permanente Siedlung sozial heterogener Individuen. Diese Heterogenität kann multipel sein und somit Dynamiken und Widersprüche unter ethnischen, linguistischen, beruflichen Klassen und anderer Gruppen generieren (Wirth 1938 zit. n. Coquery-Vidrovitch: 17).

Die Urbanisierung war die Voraussetzung für die Stadtentwicklung in Afrika. Es gibt jedoch keinen Idealtyp der afrikanischen Stadt. Eine genau Definition scheitert an der Überprägung und Überformung der afrikanischen Städte und die historisch und kulturell eigenständigen Entwicklungen jeder Stadt des afrikanischen Kontinents. Dennoch ist ein Versuch zur Begriffserklärung vorgenommen wurden, vor allem von Geographen, um die Städte global klassifizieren zu können. Sie bemühten sich um eine morphologische und typologische Erfassung ihrer Strukturen. Nach Gaebe war hierfür ausschlaggebend, ,,dass Afrika der weltweit am wenigsten verstädterte Kontinent war" (Gaebe 1994: 570ff.).

Joachim Lühring (1976) gliederte die afrikanische Stadt wie folgt: ,,Unter der traditionellen afrikanischen Stadt versteht er die vorkoloniale, von Europäern nicht beeinflusste Stadt" (Burchards 2000: 36).

Die afrikanische Stadt zeichnet sich demnach durch traditionelle Bauweise und einen ungeplanten Grundriss, durch langsames und organisches Wachstum, eine strenge Trennung von Einheimischen und Fremden und Fixpunkte im Siedlungsgebiet, wie z.b. dem Häuptling - oder Königssitz und dem Markt, aus.

Die Fragen, die sich nun im Anschluss an diese geschilderte Definition und den Charakteristiken stellen, lautet: sieht die afrikanische Stadt demnach überall gleich aus und was passierte weit vor dem Jahr 1976 in Afrika, Jahrhunderte bevor überhaupt städtische Grundrisse von afrikanischen Städten kartiert wurden und als die Lühring' sche Definition von afrikanischer Stadt noch nicht existent war?

3. Die historische Entwicklung afrikanischer Städte

Die Geschichte ist auch in den afrikanischen Städten südlich des Sahel und in Nordafrika nicht stehen geblieben. Trotz der Transformation der afrikanischen Städte seit dem 14.Jahrhundert und dem zunehmenden Einfluss der europäischen Kolonialmächte, haben afrikanische Städte durchaus einen Kern, der aus der vorkolonialen, nicht von Europäern beeinflussten Zeit stammt und hatten auch in der prä- kolonialen Zeit eine funktionelle Gliederung. So schildert Paul Jenkins, dass urbane Räume im vorkolonialen sub-saharischen

Raum schon vor dem 15.Jahrhundert weit verbreitet waren und sowohl wirtschaftliche (Handelsfunktion) als auch politische Funktionen ausübten (Jenkins 2009: 83).

Im Folgenden werde ich darauf eingehen, wie womöglich die altertümlichen Städte, Bantu-Städte und islamisch orientalischen Städte vor der Kolonialzeit aussahen und wie sich das Leben in ihnen gestaltete.

3.1 Die Klassifizierung der prä- kolonialen afrikanischen Städte

Die afrikanischen Städte, wie sie sich ursprünglich entwickelt haben, werde ich nun in die besagten 3 Stadttypen unterteilen und diese erläutern. Dabei werden vorwiegend die Städte südlich der Sahara eine Rolle spielen. Aufgrund des Umfanges afrikanischer Geschichte, der topographischen Größe des Kontinents und mitunter auch dem Mangel an Beweis trächtigen und stichfesten Quellen, werde ich mich in meinen Ausführungen relativ allgemein auf die Zeitspanne zwischen dem 6. und dem 19.Jahrhundert beschränken.

3.1.1 Die altertümlichen Städte

Der afrikanische Kontinent und insbesondere Westafrika, wartete nicht auf den Einfluss der „westlichen" europäischen Welt, um die ersten urbanen Agglomerationen entstehen zu lassen. Seit den späten 1960-er Jahren konzentrierte sich die Forschung auf den Schauplatz Tegdaoust, der mauretanischen Hafenstadt. Dort dachten die Forscher, könnte es sich um einen Ort berühmter saharischer Salzproduktion handeln. Dieser Schauplatz wurde erstmalig vor dem 8.Jahrhundert besetzt (Coquery-Vidrovitch 2005: 49).

Die menschlichen Siedlungen schienen dort vom Wasser bedroht gewesen zu sein, so dass es als schwierig galt, permanente Siedlungen zu erlauben. Daher siedelten sich die Menschen auf Sandsteinterrassen in 30 bis 40 Metern über dem Flutpegel an. Die Gründung stabiler und großer Grundstücke aus Schlammziegel und Steinwänden markierten laut Coquery-Vidrovitch im 8.Jahrhundert einen kollektiven und technologischen Fortschritt. Städtisches Leben wurde auch in Kumbi-Saleh vermutet, welches der Schauplatz der altertümlichen Hauptstadt von Ghana gewesen sein soll und den Schauplatz Niani, als Haupstadt des Königreich Mali, soll es seit dem 6.Jahrhundert gegeben haben (Coquery-Vidrovitch 2005: 50).

Als mehr und mehr Entdeckungen gemacht wurden, stellten Archäologen sogar fest, dass es das urbane Leben vor der altertümlichen Zeit gegeben hat und schon aus der Zeit der

Ureinwohner stammt. Im altertümlichen Afrika benutzten die Stadtbewohner viele verschiedene Orte zum Leben, je nach Jahreszeit. Das Fehlen individuellen privaten Eigentums, machte es möglich, Siedlungen auszudehnen und zu verändern (Coquery-Vidrovitch 2005: 51). Das urbane Wohnen wurde durch soziale Organisation, basierend auf Familie, ausgedrückt.Der Wohnraum endete dort, wo die benachbarte Lineage-Gruppe begann. Geheiligte Räume waren innerhalb bewohnter Räume und auf dem Land verstreut. Die urbanen Räume konnten sich ausdehnen, obwohl sie in Gebiete der handwerklichen Produktion und des Betens geteilt waren. Die Organisation des urbanen Raumes im altertümlichen Afrika war laut Coquery-Vidrovitch so beschaffen, dass man von Städten sprechen kann.

3.1.2 Die Bantu-Städte

Den Enthusiasmus, afrikanische Städte in den späten 1950-er Jahren entdecken zu wollen, sah Basil Davidson als Beweis dafür, dass eine Menge Städte als Resultat der Eroberung verschwanden (Coquery-Vidrovitch 2005: 56). In den Bantu-Städten zeigen die meisten Ruinen, die von Archäologen vorsichtig interpretiert wurden, Spuren von agrarischer Zivilisation, die wohl zwischen dem 11. und 16.Jahrhundert florierte. Diese Zivilisationen brachen infolge von Überfällen zusammen. Ein relativ spätes Beispiel dieser urbanen Kultur ist Engaruka aus dem 16.Jahrhundert, welches an der Grenze zwischen Kenia und Tansania im Jahr 1935 entdeckt wurde (Coquery-Vidrovitch 2005: 56). Dieses Beispiel wurde von Louis Leakey studiert, der über 6.300 Steinhäuser und 500 weitere Häuser im Tal zählte, was die Hypothese einer Stadt mit 30.000 bis 40.000 Einwohnern laut Coquery-Vidrovitch 2005, rechtfertigte. Dies wurde als Beweis für eine weitere urbane afrikanische Zivilisation gesehen.

„This was seen as evidence of the emergence of an aboriginal urban civilization, known as the "Azanian civilization," among the local Mbulu population" (Coquery-Vidrovitch 2005: 56).

3.1.3 Die islamisch orientalischen Städte

Die urbanen islamischen Zivilisationen hatten 2 Konzentrationspunkte der Stadt. Die Moschee, als Gebäude für gemeinschaftliche Gebete und intellektuelles Zentrum, und den permanenten Markt (Coquery-Vidrovitch 2005: 94).

Islamische Städte waren Orte, in denen Gläubige ihre religiösen und sozialen Pflichten erfüllen konnten. Selbiges behauptete Jaques Berques, als er 1958 die muslimische Stadt als Ort der Zusammenkunft und des Austausches definierte (Coquery-Vidrovitch 2005: 94).

Die sahelische Wirtschaft basierte auf Handel, welcher von einer Aristokratie monopolisiert wurde, die ausschließlich Städten zu Grunde lag. Dies lag daran, dass sich der Handel auf dem Land nur langsam verbreitete. Die muslimische Kultur war ein urbanes Privileg, aus dem die ländlichen Massen ausgeschlossen waren. Die Produktion von Wohlstand hing nicht von ihnen ab (Coquery-Vidrovitch 2005: 92).

Da die Landschaft sich nicht veränderte, entwickelten sich neue soziale Strukturen und kulturelle Praktiken in den Städten. Parallel zur Klasse der Kaufleute, förderte die Klasse der Arbeiter das Entstehen einer florierenden Gemeinschaft von Kunsthandwerkern (Coquery-Vidrovitch 2005: 92).

Die präkolonialen Stadtstrukturen der Sahelzone sind „stark von mediterranen nordafrikanischen und islamischen Strukturelementen geprägt" (Krings 2006: 83).

Dies zeigt sich in Malis' vorkolonialer Epoche, anhand der islamischen Städte Timbuktu und Djenne´. Djenne´ wurde im 13.Jahrhundert von einer Bozo-Siedlung zu einem Handelszentrum. Durch Zuwanderung von Kaufleuten aus Nordafrika und dem Mali-Reich, wurde die Stadt islamisiert.

„Im Zentrum der (…) Stadt erhebt sich am Rande des Marktplatzes die große Moschee, die (…) nach dem Vorbild der im 15.Jahrhundert erbauten (…) Moschee errichtet wurde" (Krings 2006: 83).

Diese Lehmmoschee gilt als eines der größten Lehmbauwerke der Welt und stellt „das architektonische Vorbild für zahlreiche Dorfmoscheen im gesamten Nigerbinnendelta dar" (Krings 2006: 83).

Merkmale des Baustils der Moschee, der als „sudanischer Baustil" bezeichnet wird, sind „vertikale Fassadengliederungen, sowie Lehmpfeiler und -rinnen mit massiven, gestuften, mit zunehmender Höhe sich verjüngenden, in die Fassade eingebauten Minaretttürmen" (Krings 2006: 83).

Die Wohnhäuser aus dem 15.Jahrhundert der Stadt, weisen dekorative Elemente auf.

„Diese dekorativen Elememente (…) haben (…) eine magische Konnotation und stehen mit dem Fruchtbarkeitskult (…) dieser Region in Beziehung" (Prussin 1973 zit. n. Krings: 83).

Solche Elemente sind z.B. der Fassadendekor, der über den Pfeilern der Hauseingänge verläuft oder die Lehmzinnenkrone, welche den obersten Abschluss der Fassade über dem Dach bildet. Im 13.Jahrhundert entstand eine enge wirtschaftliche Verflechtung zwischen Djenne´ und Timbuktu. So wurden Kolanüsse, Elfenbein und Gold, sowie Baumwolle, Reis, Indigo, Gewürze und Trockenfleisch nach Timbuktu exportiert. Dafür wurden wiederum Steinsalz, Textilien und Waffen aus Timbuktu nach Djenne´ importiert.

Timbuktus' Lage nördlich des Flusses Niger, war für den Handel und Transport über Wasser strategisch wertvoll und bildete den „Ausgangspunkt für die Islamisierung im Westsudan" (Krings 2006: 85).

Die Stadt beherbergt 3 bedeutsame Moscheen – die Djingerber-Moschee, Sankore´-Moschee und die Sidi-Yahia-Moschee.

Timbuktus Wohnhäuser wurden nach dem Vorbild andalusischer Städte entworfen und beinhalten vertikale, mit Pilastern gegliederte Hausfassaden und Holztüren mit kunstvollen Eisenblechbeschlägen (Krings 2006: 85).

3.2 Die koloniale Phase und die räumlichen Veränderungen

Afrikanische Städte waren seit der Kolonialzeit und der Ankunft und Übernahme durch Europäer, großen Veränderungen und Anpassungen an die Vorgaben der Kolonialherren unterworfen. So wurden die Städte im 19.Jahrhundert von Grund auf umgewandelt, so dass nur wenige Strukturelemente der ursprünglichen Stadtbilder bestehen blieben. Die Neustadt war während der Kolonialzeit den Europäern vorbehalten. Es entstanden an jenen Orten Regierungs- und Verwaltungsviertel, Banken- und Geschäftszentren und es siedelte sich die weiße Bevölkerung an (Burchards 2000: 41).

Die Neustädte entsprachen laut Burchards in ihrer Anlage , den Vorstellungen der Architekten und Stadtplaner Frankreichs, da neue Strukturelemente entstanden, wie z.B. breite Boulevards, kreisförmige Plätze, mit sternenförmig verlaufenden Straßen und eine Trennung zwischen Grün- und Wohnflächen. Das Land gewann zunehmend an Bedeutung, da das eingeführte marktwirtschaftliche Wirtschaftssystem nun die Dominanz zentraler Orte, im Zuge der Auflösung des Rentenkapitalismus, ablöste (Burchards 2000: 41).

In Afrika wurden Städte jedoch nicht nur von europäischen Großmächten vereinnahmt und transformiert, sondern es entstanden völlig neue Städte - Städte an Orten ohne Stadt, in der es vorher nie eine Stadt gegeben hat. Man könnte sie „geplante Städte" nennen, sie werden aber als „Kolonialstädte" bezeichnet.

So sind „Kolonialstädte im Zuge der europäischen Eroberung und Inbesitznahme des Kontinents entstanden und verdanken ihre Gründung ausschließlich den Interessen einer europäischen Kolonialmacht (O'Connor 1983 zit. n. Bähr 2005: 285).

Viele autochthone Siedlungen haben sich in jener Phase zu dualen Städten entwickelt oder sind laut Bähr , wie im Falle von Kampala, in der neu entstandenen Kolonialstadt aufgegangen. Aus wirtschaftlichem Aspekt und aufgrund wirtschaftlicher Interessen, wie z.b. dem Abbau von Diamanten und anderen Rohstoffen, entwickelten sich Städte, die mehr oder weniger auf dem „Reißbrett" entstanden, wie z.b. Nairobi in Kenia oder Johannesburg in Südafrika. Diese Bergbaugebiete mussten ihrer Bevölkerung und vor allem den Bergarbeitern, Wohnraum gewährleisten und dafür Sorge tragen, dass der Transport der Güter reibungslos verläuft, weshalb Schienen für Eisenbahnstrecken verlegt wurden. So passten sich die Städte Afrikas immer mehr dem europäischen Standard von Mobilität und Administration an. Auch die wirtschaftliche Komponente, vor allem das Geldsystem, spielte fortan eine tragende Rolle.

„Die lokale Bevölkerung wurde zunehmend in die Geldwirtschaft einbezogen, (…) zunächst über Steuern und Abgaben, die nur durch den „Verkauf" der Arbeitskraft aufzubringen waren" (Burchards 2000: 42).

Nach Burchards mussten die Kolonialherren jedoch mit der Binnenmigration der afrikanischen Bevölkerung in andere Städte zu Recht kommen und diese kontrollieren. So sollte die Einwohnerzahl der Städte „in einem ausgewogenen Verhältnis zur infrastrukturellen Leistungsfähigkeit" stehen (Burchards 2000: 42).

Man könnte es auch wie Catherine Coquery-Vidrovitch ausdrücken:

„It could be argued that all cities, no matter what the society, location, or point in history, have always been tools for colonization (Coquery-Vidrovitch 2005: 326).

Das räumliche System der afrikanischen Städte sollte sich nicht nur wirtschaftlich und morphologisch ändern, sondern auch in politischen und sozialen Bereichen. So schilderte Burchards in einem Prozess von 5 Phasen der Veränderungen des afrikanischen Stadtbildes seit der kolonialen Übernahme, wie sich nach der Eingliederung neuer Institutionen, wie z.B. Kaufhäuser, Banken und einer Regionalverwaltung, eine neue schwarze Elite, welche von den europäischen Kolonialherren an das neue europa-orientierte System in der Verwaltung herangeführt wurde, entwickelte. Die neue Elite oder auch „native rulers", hatte mit der

Machtfülle, die ihr übertragen wurde, die Städte mit modernen Einrichtungen ausstatten lassen, um dem europäischen Vorbild gerecht zu werden. Diese Städte „wirkten als Magnet für die vielen jungen und dem modernen Leben aufgeschlossenen Menschen, die in die Städte wanderten (Burchards 2000: 44). Die Folgen waren eine hohe Konzentration der Bevölkerung in den Städten und eine damit verbundene Überbevölkerung, die heute noch in vielen afrikanischen Städten, wie z.b. Lagos in Nigeria, zu finden ist und eine soziale Segregation zwischen arm und reich, der Elite aus dem Bereich der Politik und Verwaltung und den zugezogenen Migranten, die in sogenannten *compounds* lebten, einer Reihe kleiner Häuser für Kleinfamilien. Das christliche Weltbild der Europäer trug zudem zu einer Veränderung der traditionellen Gesellschaftsordnung bei (Burchards 2004: 44).

3.3 Die post-koloniale Phase und ihre Veränderungen

Nach der bereits beschriebenen Kolonialphase , haben sich die Grundstrukturen der Städte in ihren Grundzügen verändert. So hat sich aus den europäischen Geschäfts- und Verwaltungsvierteln , das moderne Geschäftszentrum CBD (Central Business Distrikt) entwickelt (Bähr 2005: 286).

Die Wohnraumpolitik stand nach der Entlassung der afrikanischen Staaten in die Unabhängigkeit in den 1960er-Jahren, vor massiven infrastrukturellen und sozial-politischen Problemen. Aufgrund Geldmangels, beschränkte sich die Bautätigkeit für die ärmere Bevölkerung in den 1970er Jahren, auf kleine Parzellen mit gemeinschaftlichem Wasseranschluss (Bähr 2005: 286).

Die entstandenen Hüttenviertel sollten jedoch aus dem Stadtbild verschwinden und die Bewohner in einfache Siedlungshäuser umgesiedelt werden.

„So sind in Dakar zwischen 1972 und 1976 ca. 90.000 Menschen aus zentral gelegenen *bidonvilles* vertrieben worden, und in Abidjan verloren sogar über 100.000 Personen zwischen 1969 und 1973 ihre Wohnung" (Stren und Halfani 2001 zit. n. Bähr: 286).

Diese Maßnahmen zielten darauf, die Wohnbedingungen zu verbessern und zu modernisieren, jedoch erwuchs daraus Gegenteiliges, denn die Zahl illegaler Landbesetzungen stieg.

„Für Lusaka ist bekannt, dass fast die Hälfte der zwischen 1964 und 1973 neu errichteten Wohnungen ohne Genehmigung der Behörden entstanden ist" (Rakodi 1986 zit. n. Bähr: 286).

Seit Ende der 1980er Jahre hat sich die Schere zwischen Wohnungsangebot- und nachfrage laut Scholz 2002, weiter geöffnet (Scholz 2002 zit. n. Bähr: 287). Die Stadtplanung hat ihren Einfluss auf die Siedlungsentwicklung seiner Meinung nach verloren. In den 1970er Jahren traten gehäuft Konflikte zwischen den Nutzungs- und Vergaberechten, Staatseigentum und Individualeigentum auf (Gough und Yankson 2000 zit. n. Bähr: 287).

Legal erworbenes Land ist nicht immer im Grundbuch eingetragen, da die Behörden laut Bähr, mit der Registrierung nicht hinterher kommen würden.

Zur weiteren Fragmentierung der Städte hat die Spekulation des Bodenmarktes beigetragen, der die Bodenpreise häufig in enorme Höhen getrieben hat, was vielerorts ein Ausweichen auf den informellen Bodenmarkt zur Folge hatte (Bähr 2005: 287).

Selbst qualitativ höherwertige Häuser wurden ohne Baugenehmigung und ohne staatliche Anerkennung errichtet. Das Ausmaß der Bebauung informeller Siedlungen hing auch davon ab, in wie weit die Behörden dies duldeten. Ein Beispiel dafür, dass die Behörden die Kontrolle über den Prozess der Informalisierung verlieren können, ist die angolanische Hauptstadt Luanda, in der durch Flüchtlings- und Zuwanderungswellen ein großes Gemenge an Marginalsiedlungen entstand und deshalb der Eindruck einer „Hüttenstadt" erweckt wurde , wie F. Cruz im Jahr 1994 schilderte:

„The city is no longer urban, the city has become a musseque" (Cruz 1994 zit. n. Bähr: 288). Das Scheitern etwaiger Bauprogramme wie z.B. in Dakar, zeigt ein weiteres Problem, das noch nicht gelöst zu sein scheint und nur wenige Menschen sind in der Lage, sich ein eigenes Haus zu bauen, wie Caroline Melly 2010 feststellte.

Zunehmende soziale Disparitäten zeigen sich anhand von abgegrenzten Wohnvierteln der sozialen Ober-und Mittelschicht, den sogenannten „gated communities". Diese Wohngebiete zeichnen sich durch eine klare Abtrennung von den Wohngebieten der Einkommens schwächeren Bevölkerungsschicht, in Form von hohen Mauern, Elektrozäunen und Alarmanlagen aus, und dienen lediglich der Abschottung und dem Schutz vor Gewalt und Kriminalität. Solche Wohngebiete sind so z.B. in Johannesburg zu finden. Dies allein löst aber nicht die Problematik hoher Kriminalitätsraten und trägt meiner Meinung nach, noch mehr zur Entfremdung in den afrikanischen Städten bei. Die Städte Afrikas der Gegenwart zeigen sich insgesamt als fragile Gebilde.

4.Fazit

Bereits vor der Kolonialzeit hat es Städte gegeben, die aufgrund ihrer Bevölkerungskonzentrationen als solche gekennzeichnet werden konnten. In jeder Region Afrikas hat somit eine Urbanisierung stattgefunden. Die Mehrzahl der Bewohner ging jedoch agrarwirtschaftlichen Tätigkeiten nach, so dass die Stadt im vorkolonialen Afrika einen ländlichen, peripheren Charakter hatte. Mit dem Ende des 19.Jahrhunderts und dem einsetzenden Kolonialismus, wandelten sich die Städte und wurden „europäisiert". Neue Strukturen wurden an die ursprünglichen Städte angelagert. Man könnte auch sagen, dass die Städte Afrikas „verwestlicht" wurden, da neue Verwaltungs- und Geschäftsviertel nach westlichem Vorbild errichtet wurden. Es sollte also für die Kolonialherren ein westliches Leben in Afrika ermöglicht werden. Mit der Entlassung der afrikanischen Staaten in die Unabhängigkeit und dem Ende des Kolonialismus in den 1960er Jahren, hinterließen die europäischen Kolonialmächte die Städte, mit samt ihrer veränderten Strukturen und ließen sie bis heute mit ihren sozial- und wirtschaftspolitischen Problemen allein. Es wurden zwar neue wirtschaftliche Anreize und Arbeitsplätze durch den Verwaltungsapparat und neuer, von Europäer errichteten Institutionen und weitere Arbeitsplätze durch in der Kolonialzeit entstandene Industriegebiete geschaffen, jedoch ist insgesamt der internationale Wettbewerb und die Einbindung afrikanischer Städte in den Globalisierungsprozess, gegenwärtig nicht gegeben.

Die Wanderungsbewegungen nehmen indes zu, so dass die Städte von einem erheblichen, aber auch unkontrollierten Flächen- und Bevölkerungswachstum betroffen sind. Menschen, die in den Städten keine Unterkunft fanden, jedoch in der Hoffnung auf gute berufliche und finanzielle Perspektiven einwanderten und blieben, waren aufgrund geringer Qualifikationen und geringer finanzieller Mittel gezwungen, informelle Arbeiten zu verrichten, um sich am Leben zu halten. Dies wiederum führte zum Bau illegaler Siedlungen, da kein Geld zur Anmietung von Wohnraum vorhanden war, was wiederum zur „Slumisierung " oder „Verslummung" von Städten im Stadtzentrum oder auch Stadtrand führte. Die Städte Afrikas haben allgemein kaum noch etwas mit „afrikanischer Stadt" zu tun, lediglich die topographische Komponente. Die Städte Afrikas haben in ihrem Erscheinungsbild nichts, was sie typisch afrikanisch erscheinen lässt, und wurden verfremdet. Dieses Bild einer Verfremdung teilen meiner Meinung nach alle afrikanischen Städte in ihrer Gestalt. Vielleicht sind es auch europäische Städte in Afrika oder vielleicht sind es einfach „nur" Städte. Das Stadtmodell „afrikanische Stadt" ist auf jeden Fall kritisch zu beäugen und muss hinterfragt werden. Der Anspruch der Stadtgeographen, Städte zu klassifizieren und in ein Modell zu integrieren, sollte meines Erachtens fallen gelassen werden. Dies gilt nicht nur für afrikanische Städte, ich denke hierbei auch an die nordamerikanische, lateinamerikanische und die asiatische Stadt, denn jede Stadt, ist eine Stadt, mit einer eigenen Geschichte, unabhängig davon, in welchem Kulturraum sie sich befindet. Ich gelange daher zu dem Schluss, dass die Definition der „afrikanischen Stadt" nicht mehr zeitgemäß ist.

5. Literaturverzeichnis

Bähr, Jürgen & Jürgens, Ulrich (2005): Stadtgeographie II. Regionale Stadtgeographie, pp. 285-294. Braunschweig: Westermann.

Burchards, Eckehard (2000): „Urbane räumliche Gebilde. Die afrikanische Stadt". In: Hengartner, Thomas, Kokot, Waltraud & Wildner, Kathrin (Hg.): Kulturanalysen. Kulturwissenschaftliche Stadtforschung, pp. 35-44. Berlin: Dietrich Reimer Verlag.

Coquery-Vidrovitch, Catherine (2005): The History of African Cities South of the Sahara. From the Origins to Colonization, pp. 3-134. Princeton: Markus Wiener Publishers.

Gaebe, Wolf (1994): Urbanisierung in Afrika. In: Geografische Rundschau 46/10: 570-576

Jenkins, Paul (2009): „Competing Claims on Urban Land". In: Locatelli, Francesca & Nugent, Paul (eds.): African Cities. Competing Claims on Urban Spaces, pp. 81-84. Brill: Leiden.

Krings, Thomas (2006): „Städte". In: Krings, Thomas (Hg.): Sahelländer: Geographie, Geschichte, Wirtschaft, Politik. Mauretanien, Senegal, Gambia, Mali, Burkina-Faso, Niger, pp. 83-85. Wissenschaftliche Buchgesellschaft: Darmstadt.

Melly, Caroline (2010): Inside-Out Houses: Urban Belonging and Imagines Futures in Dakar, Senegal. Comparative Studies in Society and History 52(1): 37-65

BEI GRIN MACHT SICH IHR WISSEN BEZAHLT

- Wir veröffentlichen Ihre Hausarbeit,
  Bachelor- und Masterarbeit

- Ihr eigenes eBook und Buch -
  weltweit in allen wichtigen Shops

- Verdienen Sie an jedem Verkauf

Jetzt bei www.GRIN.com hochladen
und kostenlos publizieren